As viagens dos alimentos

As trocas entre os continentes

Janaína Amado

Luiz Carlos Figueiredo

3ª edição – reformulada

Atual Editora

SARAIVA Educação S.A.
Avenida das Nações Unidas, 7221 — Pinheiros
05425-902 — São Paulo — SP
Tel: 4003-3061
www.coletivoleitor.com.br
atendimento@aticascipione.com.br

CIP-Brasil. Catalogação na publicação
Sindicato Nacional dos Editores de Livros, RJ

A494v
3. ed.

Amado, Janaína,1947-.
As viagens dos alimentos : as trocas entre os continentes / Janaína Amado, Luiz Carlos Figueiredo. - 3. ed. reformulada. - São Paulo : Atual, 2013.
32 p. : il. ; 23 cm. (Coleção Nas Ondas da História)

Inclui bibliografia

ISBN 978-85-357-1859-1

1. Alimentos - História - Literatura infantojuvenil. I. Figueiredo, Luiz Carlos.
II. Título. III. Série.
13-03525

CDD: 028.5
CDU: 087.5

CL: 810621
CAE: 577369

Coleção *Nas Ondas da História*

Créditos da nova edição

Gerente editorial: Rogério Carlos Gastaldo de Oliveira
Editora-assistente: Solange Mingorance
Auxiliares editoriais: Flávia Zambon, Amanda Lassak e Laura Vecchioli
Estagiária: Gabriela Damico Zarantonello
Pesquisa iconográfica: Tempo Composto
Projeto gráfico: Conexão Editorial
Produção editorial; diagramação e capa: Todotipo Editorial
Suplemento de atividades: Janaína Amado e Luiz Carlos Figueiredo
Imagens da capa (da esquerda para a direita): © Galleria Collona, Roma / Museus Castro Maya, Rio de Janeiro / Palácio Nacional, Cidade do México / Bibliothéque Municipale de Rouen, França / Galeria Johnny van Haeften, Londres / Victoria Albert Museum, Londres
Vinheta das páginas 3 e 32: Detalhe de *Trabalhadores nos 12 meses do ano*, século XV. © Musée Condé, Chantilly, França / Detalhe de *A vendedora de frutas e vegetais*, 1630. Óleo sobre tela, 120 x 165 cm. © Musée du Louvre, Paris
3ª edição / 10ª tiragem – 2024
Impressão e acabamento: Log&Print Gráfica, Dados Variáveis e Logística S.A.

Visite nosso *site*: www.atualeditora.com.br
Central de atendimento ao professor: 0800-0117875

Sumário

Dedicamos este livro à nossa amiga Margarida de Sousa Neves.

1. Alimentos para encher os olhos

Atualmente, as prateleiras dos supermercados, e principalmente as prateleiras dos hipermercados, são tão vistosas e tão ricas em variedade de produtos alimentícios que chegam a confundir os consumidores. Invadem, enchem e embaralham os olhos com uma multiplicidade de marcas, embalagens, formatos e cores. A escolha muitas vezes torna-se difícil. São frutas, verduras, legumes, massas, farinhas, sopas, doces, leite, queijos e outros laticínios, pães, óleos, cereais, peixes, carnes de boi e de porco, bebidas de todos os tipos. Muitas especiarias. Enlatados e não enlatados. Sabores naturais e artificiais. Produtos normais e dietéticos, congelados e não congelados. Enfim, uma quase infinita variedade de produtos, nacionais e importados, geralmente apresentados em embalagens bastante coloridas, oferecidos em diversas qualidades e quantidades, a preços que vão de populares a muito caros.

Fartura e variedade atual de alimentos

Além dos super e hipermercados, existem hoje restaurantes, lanchonetes, bares e outros locais especializados — como sorveterias e pastelarias — prontos a oferecer às pessoas os alimentos que escolhem comer — devagar, saboreando, ou depressa (a chamada *fast-food*, "comida rápida"), conforme o apetite, a disponibilidade de tempo e de dinheiro e o gosto de cada um.

Vivemos numa época de produção em massa de alimentos, que se deve à urbanização, à industrialização e ao progresso da química e da genética. Além disso, geladeiras e *freezers* ajudam a conservar os

Thinkstock/Getty Images

Alimentos de hoje: a variedade muitas vezes dificulta a escolha.

alimentos e, ainda, existem os imensos veículos de transporte e os gigantescos postos de armazenamento e distribuição. E mais: encontram-se à disposição fornos de todos os tipos — dos antigos fornos a lenha aos supermodernos micro-ondas —, pratos congelados, semipreparados e prontos para o consumo, inúmeros livros de receitas, programas de rádio e de TV sobre culinária, *chefs* especializados, restaurantes de renome que servem pratos internacionais cujos nomes ainda soam estranhos para muitos de nós (*sashimi*, *paella*, *borsch*, *gnocchi alla puttanesca*...). Isso tudo aqui, lá, acolá, nas mais diversas cidades e nos mais variados países do mundo. Hoje, pode-se comer os mesmos pratos em São Paulo, Paris, Nova York ou Cingapura, dependendo do restaurante escolhido.

Antigamente era diferente

O mundo, porém, já foi muito diferente. No passado, a quantidade e a variedade de alimentos à disposição das pessoas, mesmo das mais ricas e poderosas, eram muito menores. Os imperadores do vasto Império Romano, por exemplo, jamais puderam sentir o gosto da batata frita, da macarronada ao molho de tomate ou de uma suculenta e doce fatia de abacaxi.

Comparando-se a mesa da ceia de Natal de uma família de classe média atual com a de um banquete de uma rica e nobre família da Idade Média, decerto a primeira conterá uma variedade muito maior de alimentos.

Os seres humanos levaram muito tempo para produzir novos alimentos e para trocá-los entre si. Desde a Pré-história ocorrem trocas de alimentos, mas o comércio mundial, entre todas as regiões do globo, aconteceu só depois da Idade Média e da expansão marítima dos europeus, especialmente a partir do século XVI. Mesmo assim, a aceitação de determinados alimentos por alguns povos ainda demorou a ocorrer: a batata, por exemplo, originária da região dos Andes, na América do Sul, precisou de cerca de duzentos anos para ser aceita na Europa — por ironia, hoje é conhecida entre nós como batata-inglesa!

Victoria Albert Museum, Londres

Cena de banquete do livro *As riquíssimas horas do duque de Berry*, iluminura dos irmãos Limbourg, feita no século XV.

2. O rei dos alimentos: o pão

O pão — esse alimento maravilhoso fabricado e consumido de tantas maneiras — faz parte da alimentação dos mais diversos povos há muitos séculos. Enquanto os europeus fabricavam o pão sobretudo com trigo, os indígenas americanos empregavam, em geral, o milho ou a mandioca.

Apesar de cada povo fabricar seu tipo de pão, o tempo encarregou-se de tornar universal esse alimento; com o correr dos séculos, os grupos humanos trocaram entre si um número cada vez maior de matérias-primas e de informações sobre os modos de prepará-lo. No final do século XVI, por exemplo, os italianos já fabricavam um tipo de pão que misturava trigo e castanhas — produtos nativos da Europa — com batata e milho, nativos da América.

O pão como o conhecemos hoje teve origem nas papas de farinha, que passaram a ser cozidas sobre brasas, ou pedras ou telhas quentes, e depois transformadas em uma torta ou massa seca, rugosa e crespa (daí a palavra francesa *crêpe* para designar essa espécie de massa fina e um pouco crespa). Já no século XXV a.C., os egípcios derramavam as papas, feitas principalmente de trigo, em recipientes preaquecidos, que tinham a forma de uma pirâmide invertida, retirando deles a massa cozida; por isso, a palavra grega *pyramís* (em português, "pirâmide"), que veio da língua egípcia, significava inicialmente "massa cozida".

Os gregos também fabricavam massas de pão de forma rudimentar. Eles inventaram o forno — uma

PÃO DE MANDIOCA

Ao chegar ao Brasil, os portugueses confundiram o cará e a mandioca — nativos da América e, portanto, desconhecidos para eles — com o inhame, que conheciam da África, mas que não existia na América. A *Relação do piloto anônimo*, documento escrito por um integrante da esquadra de Cabral, assinalou, a respeito dos costumes dos indígenas: "[...] compraram papagaios e uma raiz chamada inhame, que é o seu pão [...]".

O pão teve origem nas papas de farinha, que, ao serem cozidas, transformam-se numa massa seca, como em *A fábrica de panqueca*, óleo sobre madeira do holandês Pieter Aertsen (c. 1508-1575), 1560, 86 x 170 cm.

CHUVA DE PÃO

Na Bíblia há diversas referências ao pão e ao maná, espécie de papa granulosa de pão. Quando Moisés e Aarão saíram do Egito, seu povo, que passara dois meses e meio no deserto, morria de fome. Deus anunciou a Moisés que haveria comida:

E, no dia seguinte pela manhã, havia uma camada de orvalho em torno de todo o acampamento. E, tendo evaporado esse orvalho, eis que sobre a superfície do deserto estava uma coisa miúda, granulosa, miúda como a geada sobre a terra! Vendo isto, disseram os filhos de Israel uns aos outros: "Que é isto?", pois não sabiam o que era. Moisés disse-lhes: "Este é o pão que o Senhor vos manda para comer". (Êxodo 16:14-15).

Castello di Issogne, Valle d'Aosta, Itália

Afresco italiano do século XV, intitulado *O padeiro*, em que se vê um homem retirando pães do forno. O forno foi uma criação dos gregos.

câmara preaquecida, com abertura na frente — para assar esse alimento. Em Atenas, no século III a.C., havia 72 tipos diferentes de pão. Um padeiro grego, Teanos, tornou-se tão famoso que foi citado pelo filósofo Platão e pelo escritor de comédias Aristófanes.

No Oriente Próximo, os pães eram preparados com levedura (massa fermentada de véspera, chamada *zymi*), por judeus e por árabes. O pão sem fermento (pão *azymi*, ou ázimo) simbolizava a pureza, sendo por isso usado como oferenda em cerimônias religiosas, inclusive cristãs. A Bíblia cita várias vezes o pão ázimo. Sobre os costumes puros que deveriam ser respeitados durante a Páscoa, Deus ordenou a Moisés:

Comereis pão sem fermento durante sete dias. Logo ao primeiro dia tirareis de vossas casas o fermento, pois todo aquele que comer pão fermentado, desde o primeiro dia até o sétimo, será cortado de Israel. [...] *Não comereis pão fermentado: em todas as vossas casas comereis pães ázimos.* (Êxodo 12:15-20).

História antiga do pão

Na Roma antiga, o imperador Júlio César instituiu o costume de distribuir aos cidadãos romanos que iam aos circos, para assistir às lutas dos gladiadores*, uma porção de alimentos, denominada *sportula* (em português, "espórtula", palavra que, atualmente, significa "gorjeta" ou "esmola"), composta de pão, azeite, carne de porco e, às vezes, vinho. Durante o espetáculo, os romanos comiam a espórtula — que, hoje, bem poderíamos comparar a uma boa cesta básica — e ainda leva-

* As palavras com asterisco são definidas no vocabulário, no final do livro.

Musée des Antiquités Nationales, St. Germain-en-Laye, France/ Giraudon/The Bridgeman Art Library

Mosaico romano do século III, encontrado em Saint-Romain-en-Gal, na França, mostra um forno para assar pão. Os romanos divulgaram o trigo entre vários povos do seu vasto império.

vam o restante para o consumo da família. Por isso, o poeta satírico Juvenal disse que Roma era governada pelo pão e pelo circo. Desde então essa política — que consistia em distrair o povo com alimento e diversão para que ele se esquecesse de suas dificuldades e não se revoltasse — ficou conhecida como "política do pão e circo". No período de decadência do Império Romano, os últimos imperadores adotaram severas medidas para manter a distribuição de pão, inclusive impedindo que padeiros abandonassem a profissão, sob pena de serem lançados aos leões nas arenas. Os romanos divulgaram por todo o seu imenso império o costume de comer pão feito de trigo. O consumo era grande até nos territórios da atual Inglaterra que se mantiveram fora dos limites do Império. Uma curiosidade: a palavra inglesa *lady* — que hoje designa senhoras nobres e distintas — antigamente também significava "amassadora de pão"!

Por muitos anos, o pão foi o principal alimento dos povos, a tal ponto que muito cedo se tornou sinônimo de alimento, conforme comprova a Bíblia. No Gênesis (3:19), estão escritas as palavras que Deus disse a Adão, após expulsá-lo do Paraíso: "Comerás o teu pão com o suor do teu rosto".

O pão em geral era acompanhado por azeite, vinho ou um pedacinho de carne de porco ou de peixe, ou ainda por sopa quente. Na Europa, os mais ricos consumiam o pão branco; os menos ricos, o pão preto, também feito de trigo, mas de qualidade inferior; e os mais pobres, pão de cevada ou de aveia, ou mesmo feito com um tipo de capim, semelhante ao painço, chamado milho-miúdo, utilizado como alimento para animais. Outros povos utilizavam diferentes tipos de produto para fabricar o pão, como a mandioca, o milho e a batata, usados pelos nativos da América, e o inhame, pelos africanos. Hoje, contudo, na maior parte do mundo predomina o pão feito de trigo, cereal muito antigo, originário do Egito.

PÃO DE AÇÚCAR

Por que se chama Pão de Açúcar o famoso morro situado na baía de Guanabara, hoje um dos principais pontos turísticos do Rio de Janeiro? No processo de fabricação do açúcar, ainda quente ele era colocado em recipientes em forma de cone, com fundo arredondado. Quando o açúcar esfriava e endurecia, era retirado desse recipiente; formava então um pequeno monte, fácil de transportar e de guardar, chamado "pão de açúcar", pois lembrava a forma do pão. O nome do morro carioca provém da semelhança entre a forma dele, com seu cume arredondado, e o antigo pão de açúcar dos engenhos.

3. O sopão da Idade Média

Antes das grandes navegações marítimas, realizadas nos séculos XV e XVI, os alimentos, principalmente nos países europeus, eram escassos, pouco variados e pouco temperados. As especiarias — cravo, canela, noz-moscada, pimenta etc. —, que davam sabor a alguns pratos, eram muito caras, pois vinham do longínquo Oriente, numa época em que os meios de transporte eram bastante precários.

Em meados do século XI, com a expansão do islamismo, os árabes introduziram na Europa alguns produtos, como o açúcar, o limão, a laranja, o arroz, a manga, o trigo e as especiarias asiáticas, todos considerados de alto luxo e muito caros. Alguns desses produtos começaram a se popularizar em determinadas regiões europeias apenas mais tarde — como o arroz, em Portugal.

Muita sopa

Durante toda a Idade Média (séculos V a XV), o alimento da maioria da população europeia, que vive boa parte do ano sob clima frio, consistia de um sopão de legumes cozido em fogo bem lento — às vezes, durante todo o dia —, acompanhado de pão duro e escuro, feito de cevada, centeio ou aveia, e de um pouco de vinho ou cidra. Era comum então pensar que, além de nutrir, a sopa fazia bem à saúde, aquecendo o corpo e mantendo-o sob boa temperatura. Assim foi até o Renascimento, quando a sopa chegou a ser reconhecida, principalmente por médicos italianos, como remédio importante para curar algumas doenças.

Os ingredientes da sopa medieval variavam conforme a região, mas eram poucos: basicamente muita água, sal, nabo, cebola, alho, alho-poró e, às vezes, fava, couve e um pouco de farinha. Raramente, apenas

Kunsthistorisches Museum, Viena

Em *Visita à casa de fazenda*, óleo sobre cobre do artista belga Jan Brueghel, o Velho (1568-1625), datado de 1597, 27 x 36 cm, vemos um cadeirão e vários pratos de sopa, alimento que era a base da alimentação na Idade Média.

em ocasiões especiais, era acrescido um pouco de carne de porco, um pedaço de toucinho ou peixe.

Os cereais mais comuns da época eram o centeio e a aveia (ervas originalmente selvagens, selecionadas e cultivadas a partir do século IV), a cevada e uma espécie de trigo inferior, moreno e miúdo. Dependendo da época do ano, comiam-se também saladas, em geral compostas de alface, chicória, uma espécie de beterraba e funcho, um vegetal semelhante à erva-doce. Nos litorais, havia os peixes, em geral comidos secos, salgados ou defumados — especialmente o arenque e o bacalhau. Nas regiões próximas ao mar Mediterrâneo, eram abundantes as azeitonas, com as quais também se fazia o azeite.

Alimentação dos nobres

Sem dispensar a sopa — dotando-a apenas de mais ingredientes —, na Idade Média, como nos outros períodos da história, nobres e ricos alimentavam-se mais e melhor do que o povo. Em seus banquetes, os alimentos eram preparados segundo receitas que respeitavam as estações do ano e o calendário religioso. A carne de porco — animal que tinha então aspecto selvagem, com peso até quatro vezes menor do que o do porco atual — estava sempre presente nas principais festas nobres, seguida de longe pela de carneiro (que tinha cerca de metade do peso dos atuais carneiros) e, depois, pela de cabra, esta sobretudo na região do Mediterrâneo. A carne bovina era rara na Europa. Geralmente a carne era preparada e comida em pedacinhos, dada a inexistência de garfos e a escassez de facas.

Durante os banquetes, os pratos dos nobres eram temperados com as cobiçadas especiarias orientais, misturadas também ao vinho. Entre elas, no início era incluído também o açúcar, produto tão caro que, na época medieval, costumava ser deixado em herança para os filhos. Reis e cortesãos, bem como príncipes, duques e cardeais da Igreja Católica, festejavam com grande pompa e muitas refeições as grandes festas do ano — como as festas religiosas e os aniversários e casamentos de nobres —, que chegavam a ocupar 150 dias por ano. Carlos V (1500-1558), imperador do Sacro Império Romano-Germânico entre 1530 e 1556, tinha mais de 150 empregados trabalhando em sua cozinha.

Galleria Collona, Roma

Os pobres comiam favas, pão e vinho, como retratou o pintor italiano Annibale Carraci (1560-1609) em *O comedor de feijões*, óleo sobre tela, c. 1580-90, 57 x 68 cm.

Teorias sobre os alimentos

Por volta dos séculos XII e XIII, corriam teorias diversas sobre os alimentos, conforme o imaginário das classes sociais. De modo geral, os legumes, assim como as ervas, as raízes (nabo, cebola, alho etc.) e tudo que estivesse sob a terra eram considerados alimentos inferiores, pouco digestivos, destinados apenas ao rude estômago dos pobres, nunca ao refinado paladar dos nobres. Quanto mais afastado da terra, mais saudável e puro um alimento era considerado. Na época, quem trabalhava na agricultura eram os servos e os camponeses, gente humilde, que não dispunha de prestígio social.

Os "indigestos" vegetais não constavam do cardápio dos ricos, dos nobres ou das autoridades eclesiásticas, que preferiam alimentos mais próximos dos céus, como a carne das aves. De modo geral, a carne era considerada fonte de energia física, poder, força sexual, alegria de viver e felicidade, acreditando-se que aqueles que comiam maior quantidade de carne tinham mais possibilidades de dominar as outras pessoas; essa teoria, é lógico, estimulava a gula. Os nobres obtinham grande quantidade de carne nas caçadas, às quais se dedicavam com frequência. Em muitos lugares, a caça era privilégio exclusivo deles.

Diziam os médicos da época que as frutas deviam ser evitadas ou pouco consumidas. As bebidas recomendadas eram sempre o vinho e seus derivados, jamais a água, considerada a causa de mal-estares e doenças.

Musée du Louvre, Paris

Os nobres e os ricos do período medieval desprezavam os vegetais e preferiam as carnes. Esta obra da artista francesa Louise Moillon (1610-1696), em óleo sobre tela, intitulada *A vendedora de frutas e vegetais*, de 1630, 120 x 165 cm, mostra a compra de frutas por uma senhora rica.

4. A revolução do século XVI

A partir do século XV, em especial no XVI, quando os europeus, em suas pequenas embarcações, começaram a navegar pelos oceanos rumo a outros continentes em busca de especiarias do Oriente e de metais preciosos, iniciou-se uma revolução. Uma revolução que acabaria atingindo cada ser humano do planeta, pois, nessa grande aventura, viajaram os homens e tudo a eles relacionado: produtos, roupas, alimentos, meios de transporte, músicas, conhecimentos, doenças, lendas, danças, técnicas, idiomas, religiões, sentimentos... Silenciosa, às vezes muito lenta, a revolução alimentar dos povos deu-se pela introdução de novos ingredientes, temperos e modos de preparar o alimento.

As viagens dos alimentos

No século XVI, produtos já existentes na Europa, muitos de origem asiática ou africana, foram trazidos para a América; outros foram transportados da América para a Europa, a África e a Ásia; outros, ainda, migraram da Ásia para a África, e vice-versa. Muitos atravessaram a Terra inteira, como a árvore que é hoje símbolo das praias do Nordeste brasileiro: o coqueiro, nativo da Ásia, foi transplantado para a África, vindo daí embelezar o Brasil e presenteá-lo com a deliciosa água do seu fruto. Esse processo de mundialização foi a maior revolução nos hábitos alimentares humanos ocorrida durante o período moderno.

Desde as viagens de Cristóvão Colombo entre a Espanha e as Antilhas, no fim do século XV e início do XVI, começaram as primeiras trocas de produtos americanos e europeus; outras viagens entre a Espanha e a América espanhola solidificaram o intercâmbio* nessas áreas. Quase ao mesmo tempo, no começo do século XVI, os portugueses, que comercializavam com a África

Musée des Beaux-Arts, Valenciennes, França

Muitos legumes, verduras e frutas da Europa tiveram boa adaptação na América. O pintor belga Joachim Beuckelaer (1533-1574) gostava de retratar os mercados de sua época, como neste óleo sobre tela, *A vendedora de vegetais*, datado de 1563, 112,2 x 163,5 cm.

ocidental já no século XV, também passaram a promover trocas com a Ásia, especialmente a Índia, e, depois, também com o Brasil, a África oriental e outros países da Europa e do Extremo Oriente.

ALIMENTOS	CONTINENTE DE ORIGEM
Espinafre, jaca, manga	Ásia
Inhame, quiabo, trigo, pimenta-malagueta	África
Amendoim, batata-doce, mandioca	América

Com o aumento do intercâmbio de alimentos entre os continentes, também mudaram os padrões alimentares de cada região, em maior ou menor grau, alterando-se profundamente os costumes e até a vida social dos povos. A Irlanda, por exemplo, no século XIX dependia totalmente da batata, originária da América. Como afirmou o especialista Pierre Gourou (1966): "o sucesso das plantas americanas foi tal que (...) (os africanos) morreriam hoje de fome sem a mandioca e o milho". A introdução e a difusão de bois, vacas, porcos, ovelhas, cabras e galinhas na América, e de batata, milho e tomate na Europa alteraram as economias regionais, mudando técnicas, hábitos alimentares e crenças.

ANIMAIS NATIVOS DA AMÉRICA	ANIMAIS TRAZIDOS PARA A AMÉRICA
Anta	Boi
Búfalo	Cabrito
Jacaré	Coelho
Paca	Carneiro
Peru	Galinha
Tatu	Porco

A introdução dos alimentos europeus na América foi quase simultânea à chegada dos colonizadores a esse continente, ocorrendo ainda no século XVI. Ao se estabelecerem no continente americano, os europeus plantaram vegetais que já conheciam e consumiam, utilizando técnicas familiares de plantio e manejo.

O mesmo não se deu com os produtos americanos, que demoraram a ser aceitos pelos outros povos. Nos primeiros séculos da colonização, a imigração americana para outros continentes foi pequena, havendo grande ignorância, no exterior, a respeito desses pro-

Musée Condé, Chantilly, França

Miniatura de manuscrito do século XV mostrando trabalhadores rurais. Os europeus trouxeram para a América vários produtos agrícolas e pecuários. O italiano Pietro de Crescenzi (1230-1320), agricultor e magistrado, é autor do pergaminho *O rústico*, do qual foi extraída esta imagem, *Trabalhadores nos 12 meses do ano*.

dutos. De modo geral, com pequena variação dependendo do tipo de alimento, das regiões e das classes sociais, a maior parte dos produtos americanos passou a ter boa aceitação como alimento apenas no século XVIII, duzentos anos depois de introduzidos na Europa.

Além da expansão marítima, outros fatores históricos ajudaram a mudar o sistema alimentar da época. O crescimento das cidades europeias exigia uma oferta de alimentos maior, o que contribuiu para enfraquecer a agricultura voltada apenas para a subsistência e favoreceu o desenvolvimento da agricultura de mercado, com maior produtividade e diversidade de alimentos. A Reforma Protestante rompeu os rígidos costumes e o calendário eclesiástico que determinavam a alimentação da Europa ocidental. O desenvolvimento da imprensa e o progresso da química foram fatores que contribuíram para o desabrochar da revolução dos alimentos na época moderna. A imprensa colocou em muitas mãos os livros de receitas. Já o desenvolvimento da química, a partir do século XVII, ajudou a melhor conservar e colorir a comida.

Museo del Prado, Madri

Na imagem, veem-se camponeses medievais trabalhando. Detalhe de pintura em óleo sobre madeira, do belga Joachim Patinir (1480-1524), intitulada *Descanso na fuga para o Egito*, século XVI, 121 x 177 cm.

5. O que os europeus trouxeram

Entre os principais produtos alimentícios originários de várias partes do mundo que os europeus trouxeram para a América, destacam-se o trigo — do qual o Brasil é hoje um dos grandes importadores do mundo —, a cana-de-açúcar e o arroz. Entre os animais domésticos, destacam-se as aves (galinhas, patos, gansos), das quais se aproveitam a carne e os ovos, e o gado bovino, que fornece carne, leite, manteiga e queijos. Entre os vegetais transportados pelos europeus, destacam-se alface, couve, repolho e nabo; entre as frutas, laranja, limão, uva, banana, manga, pêssego, melancia e melão; e, entre as bebidas, chá e café.

Durante o século XVI, em especial depois que o primeiro governador-geral, Tomé de Sousa, chegou à Bahia, em 1549, os portugueses trouxeram para o Brasil muitas plantas e animais. Já no final do século havia muitos desses animais e plantas espalhados pelas capitanias, conforme registraram, na segunda metade do século XVI, os cronistas lusitanos Pero de Magalhães Gândavo (c. 1540-1580), Fernão Cardim (c. 1540-1625) e Gabriel Soares de Sousa (c. 1540-1591).

No livro *História da província de Santa Cruz*, de 1576, Pero de Magalhães Gândavo registra:

Bibliothèque Municipale de Rouen, França

Várias frutas trazidas pelos portugueses, como os melões, adaptaram-se muito bem às terras brasileiras. Iluminura de *Tacuinum sanitatis de sex rebus*, obra italiana do século XV.

Algumas [frutas] deste Reino se dão bem nessas partes. Convém saber: muitos melões, pepinos, romãs e figos de muitas castas; muitas parreiras que dão uvas duas e três vezes no ano [...]. De cidras, limões e laranjas há muita infinidade, porque se dão na terra essas árvores de espinho, e se multiplicam muito mais do que as outras. (GÂNDAVO, 1980).

Gândavo ainda afirma:

O mais gado que há nessa costa são bois e vacas [...]. Cabras e ovelhas há muito poucas até agora; [...] as cabras se dão melhor que as ovelhas e parem dois, três filhos de cada vez [...]. Também há éguas e cavalos, mas ainda são caros, por não haver muitos na terra; levam-nos de Cabo Verde para lá, e dão-se muito bem [...]. Há também muita criação de porcos e muitas galinhas [...] e patos da terra. (GÂNDAVO, 1980).

Já Gabriel Soares de Sousa, em seu livro *Notícia do Brasil*, de 1587, diz:

Pepinos se dão melhor que nas hortas de Lisboa [...]. Abóboras das de conserva se dão mais e maiores que nas hortas de Alvalade, das quais se faz muito uso [...]. Melancias se dão maiores e melhores que onde se podem dar bem em Espanha [...]. Mostarda se semeia ao redor das casas das fazendas uma só vez [...] e colhe-se cada ano muita e boa mostarda. [...] Alfaces se dão uma maravilha de grandes e doces. [...]*

Coleção particular

Nesta imagem, veem-se camponeses fazendo uma refeição. Detalhe da obra *Verão*, óleo sobre tela de Pieter Bruegel, o Jovem (1568-1625), século XVII, 54,5 x 67,3 cm.

Coentros se dão tamanhos que cobrem um homem (...). A salsa se dá muito formosa (...), nunca se seca. A hortelã tem na Bahia por praga nas hortas, porque onde a plantam lavra toda a terra e rebenta por entre a hortaliça. A semente de cebolinho nasce muito bem, e dele se dão muito boas cebolas. (SOUSA, 1989).

Fernão Cardim abordou os alimentos em *Tratados da terra e gente do Brasil*, destacando a sua variedade:

(A Bahia) é terra farta de mantimentos (...). Legumes não faltam da terra e de Portugal; berinjelas, alfaces, couves, abóboras (...) e outros legumes e hortaliças. (CARDIM, 2009).

A cana-de-açúcar

As primeiras plantações de cana-de-açúcar surgiram na China, na Malásia e na Índia. Alexandre Magno (século IV a.C.), em suas viagens de conquista, levou a

British Library, Londres

Plantação da cana-de-açúcar na América (ilha de Antígua) em gravura colorida de William Clark (1770-1838), sob o título *Fragmentando a terra*, de *Dez vistas na ilha de Antígua*, 1823.

cana para a Grécia, mas somente na época do Império Romano é que o açúcar se tornou mais popular. Conhecido como "sal da Índia", era usado como o sal, para dar sabor ao alimento, ou como componente de remédios. O naturalista romano Plínio relatou que o açúcar era um mel extraído das canas, branco como a goma, estaladiço nos dentes e que os pedaços maiores eram como uma avelã.

Raro, muito apreciado e caro, o açúcar era considerado especiaria. A partir do século VII a.C., com a expansão do islamismo, os árabes levaram a cana-de-açúcar para a Palestina e o norte da África, e, daí, para a península Ibérica. Os cruzados* que estiveram na Palestina também levaram a cana para a Europa. Com exceção da Sicília, o clima europeu não era favorável ao plantio da cana, mas os europeus tinham adquirido gosto pelo açúcar.

Quando chegaram ao arquipélago da Madeira, por volta de 1420, os portugueses levaram para lá, além de trigo e animais domésticos, cana-de-açúcar, que ali cresceu muito bem. O açúcar da Madeira e de outras ilhas do Atlântico rendeu altos lucros a Portugal, fornecendo-lhe ainda experiência na área do plantio da cana e da produção de açúcar. Essa experiência foi muito útil quando os portugueses passaram a plantar, em grande escala, cana-de-açúcar no Brasil, que logo se tornou grande produtor mundial de açúcar, fabricando também a conhecida aguardente de cana (cachaça).

A disseminação do uso do açúcar da cana, que substituiu o mel, provocou grande revolução na culinária, principalmente na doçaria, um destaque da cozinha portuguesa. Somente no século XVIII a Europa conse-

O PLANTIO DA CANA

No fim do século XVI, Gabriel Soares de Sousa escreveu, sobre o plantio da cana na Bahia:

> [...] *na ilha da Madeira, Cabo Verde, São Tomé, Trudente, Canárias, Valência e na Índia não se dão as canas se não regam os canaviais, como as hortas, e se não estercam as terras; e na Bahia plantam-se pelos altos e pelos baixos sem se estercar a terra nem se regar.* [...] *Na Bahia há muitos canaviais que há trinta anos que dão canas e ordinariamente as terras baixas nunca cansam, e as altas dão quatro e cinco novidades* e mais.* (SOUSA, 1989).

guiu fabricar açúcar a partir de um vegetal que cresce bem em solo europeu: a beterraba. Hoje o Brasil é o maior produtor mundial de açúcar, exportando-o para muitas partes do mundo.

Arroz

O arroz já era semeado e colhido em 5000 a.C., na Oceania. Daí se espalhou para a Ásia, de onde chegou à Grécia, no século IV a.C. Os árabes levaram a cultura para a península Ibérica, no século VIII ou IX. Contudo, somente mais tarde o arroz se tornou popular. Na Itália, o cultivo ocorreu no século XV e, em Portugal, começou a ter expressão apenas no século XIX.

Os europeus trouxeram o cereal para a América durante a colonização, na mesma época em que os arrozais começaram a disseminar-se pelo Japão. Na América do Norte, os nativos iroqueses já consumiam o arroz silvestre, mais nutritivo do que o arroz hoje consumido por nós.

Museus Castro Maya, Rio de Janeiro

Escravos em engenho de cana brasileiro, em aquarela sobre papel, de Jean-Baptiste Debret (1768-1848), intitulada *Engenho manual que faz caldo de cana*, 1822, 17,6 x 24,5 cm.

O CULTIVO DO ARROZ

Gabriel Soares de Sousa ainda escreveu, a respeito do cultivo de arroz:

> *Arroz se dá na Bahia melhor que em outra nenhuma parte sabida, porque o semeiam em brejos e em terra enxuta;* [...] *de cada ano de semeadura se recolhem de 40 para 60 alqueires, o que é tão grado* e formoso como o de Valência; e a terra em que se semeia, se a tornam a limpar, dá outra novidade sem lhe lançarem semente nova senão a que caiu ao colher da novidade. Levaram a semente do arroz ao Brasil de Cabo Verde.* (SOUSA, 1989).

CONHECENDO AS FRUTAS AMERICANAS

Abacate — Originário do México, da América Central e do norte da América do Sul, espalhou-se para outras regiões americanas. Para os nativos da América Central, era um fruto sagrado, presente dos deuses, capaz de dar força e virilidade (em alguns locais, seu nome significa "testículos") e curar males. Quando portugueses e espanhóis chegaram à América, não demonstraram muito interesse pela fruta.

Abacaxi (Ananás) — Originário do Norte brasileiro, espalhou-se pela América. Logo chamou a atenção dos europeus pela forma, pelo sabor e pelo perfume. Colombo o encontrou em novembro de 1493, nas Antilhas, e deu-lhe o nome de "guadalupe". Na Europa, a primeira descrição escrita da fruta, acompanhada de ilustração, foi feita pelo historiador espanhol Fernández de Oviedo (1478-1557), em seu livro *História natural das Índias*, de 1535.

Araçá — Originário provavelmente do Brasil, foi mencionado pela primeira vez pelo padre Manuel da Nóbrega, em 1561. Fernão Cardim, em *Tratados da terra e gente do Brasil*, no século XVI, escreveu sobre o araçazeiro: "Dessas árvores há grande cópia, de muitas castas; os frutos são uns perinhos amarelos, vermelhos, outros verdes; são gostosos, desenfastiados*, apetitosos [...]" (CARDIM, 2009).

Araticum — Provavelmente é nativo do Brasil, pois seu nome tem origem tupi. Os portugueses levaram-no para a Índia, onde ficou conhecido como "jaca dos portugueses".

Banana pacoba — Variedade de banana encontrada no Brasil pelos portugueses, chamada por Fernão Cardim de "figueira de Adão". Gabriel Soares de Sousa, em seu *Notícia do Brasil*, informou: "Pacoba é uma fruta natural dessa terra, a qual se dá em uma árvore muito mole e fácil de cortar, cujas folhas são de 12 a 20 palmos de comprido e de 3 a 4 de largo [...] na Índia chamam a essas pacobeiras de figueiras, e aos frutos de figos" (SOUSA, 1989). A maioria das bananas conhecidas originou-se da Ásia.

Caju — Segundo alguns, é originário do litoral atlântico tropical, incluídas as Antilhas; para outros, é nativo apenas do Norte e Nordeste brasileiros. No Brasil, concentram-se cerca de 80% das espécies do gênero. O cajueiro era muito estimado pelos indígenas, que o consideravam um presente dos deuses. Fernão Cardim escreveu: "É fruta muito formosa; são alguns amarelos; outros, vermelhos, e tudo é sumo; são bons para a calma e refrescam muito [...]" (CARDIM, 2009).

Ilustração de cajueiro, século XVIII. Aquarela extraída da obra *Viagem filosófica*, de Alexandre Rodrigues Ferreira (1756-1815).

Coleção Alexandre Rodrigues Ferreira/ Biblioteca Nacional, Rio de Janeiro

Goiaba — Originária do México, da América Central e das regiões entre a Colômbia e o Peru, tornou-se conhecida dos europeus graças à obra *História natural das Índias*, de Fernández de Oviedo. Os portugueses difundiram a fruta na África e na Índia (onde era chamada de "pera" e, em 1590, já era servida à mesa dos imperadores). Alguns cronistas portugueses, como frei Cristóvão de Lisboa (?-1622) e Gabriel Soares de Sousa, a chamaram de "araçá", dada a semelhança entre ambas.

Royal Botanical Gardens, Kew, Londres. Foto: The Bridgeman Art Library/Keystone

Ilustração de pé de maracujá, de Nikolaus von Jacquin (1727-1817), que faz parte da obra *Selectarum stirpoum americanarum historia*, 1763.

Jabuticaba — Originária provavelmente de terras brasileiras, seu nome vem de uma palavra tupi (*yauti-kuaba*) que significa "comida de jabuti". É mencionada pela primeira vez em *Tratados da terra e gente do Brasil*, por Fernão Cardim: "É fruta rara e acha-se somente pelo sertão adentro da capitania de São Vicente; dessa fruta fazem os índios vinho, e o cozem como vinho de uvas" (CARDIM, 2009).

Jenipapo — Provavelmente nativo do atual Brasil, pois é palavra tupi (*iani-paua*) que significa "mancha escura no lombo dos mestiços". Sobre ele, escreveu Gabriel Soares de Sousa: "Da fruta que dessas árvores nasce, quando é pequena, fazem dela conserva; e como é grande, antes de amadurecer tinge o sumo dela muito, com a qual tinta se tinge toda a nação do gentio no Brasil, em lavores* pelo corpo [...]" (SOUSA, 1989).

Mamão papaia — Oriundo das regiões andinas*, foi introduzido no Brasil entre 1578 e 1586. Gabriel Soares de Sousa já se referia ao papaia: "De Pernambuco vieram à Bahia as sementes de uma fruta que chamam mamões [...] têm muito bom cheiro [...] e, para se comerem, cortam-se em talhadas* como maçã" (SOUSA, 1989).

Maracujá — Originária da América tropical, compreende mais de quatrocentas espécies. O nome tupi (*morukuia*) significa "fruto que faz vaso". As mulheres do Peru usavam uma espécie do maracujá, hoje muito rara, para perfumar as roupas. A flor dessa planta possui especial beleza.

Pinha — Fruto da família das anonáceas, originária de várias partes da América. No Brasil atual há outras anonáceas, muitíssimo semelhantes à pinha, porém oriundas de outros lugares, como anona, ata, coração-de-boi e fruta-do-conde (esta introduzida no país em 1626 pelo conde de Miranda, o governador Diogo Luís de Oliveira). Às vezes, a pinha é confundida com o araticum ou a graviola, por serem todas frutas da mesma família, embora de espécies diferentes.

6. Os alimentos americanos

Os alimentos americanos que mais fizeram sucesso na Europa, na Ásia e na África foram as batatas (tanto a chamada batata-inglesa como a batata-doce), o milho, o cacau (matéria-prima dos chocolates) e o tomate, sem desprezar os vários tipos de feijão, o amendoim, a perfumada baunilha, o sagu e a castanha-do-pará, além de algumas frutas (veja-as em *Conhecendo as frutas americanas*), da mandioca — hoje, base da alimentação africana —, e do algodão e do girassol, dos quais se extraem óleos comestíveis. A carne de peru também era muito apreciada.

Coleção particular. Foto: The Stapleton Collection/The Bridgeman Art Library/Keystone

Vendedora ambulante de batatas em Londres, século XIX.

A TERRA FÉRTIL DO BRASIL

Em 1668, Simão de Vasconcelos chegou a comparar a beleza e a fertilidade natural do Brasil à do paraíso terrestre em *Notícias curiosas e necessárias das cousas do Brasil*:

> *[Ao fazer a] descrição do Brasil, em que temos as qualidades da terra, o temperamento do clima, a frescura dos arvoredos, a variedade de plantas e abundância de frutos, as ervas medicinais, a diversidade de viventes, assim nas águas como na terra, e aves tão peregrinas, e mais prodígios da natureza com que o autor dela enriqueceu este novo mundo: poderíamos fazer comparação, ou semelhança, de alguma parte sua com aquele paraíso da terra, em que Deus Nosso Senhor, como em jardim, pôs a nosso primeiro pai Adão.* (VASCONCELOS, 2001).

De modo geral, como foi dito anteriormente, a integração dos alimentos americanos à dieta europeia foi lenta e tardia, levando em média duzentos anos. Os europeus tiveram primeiro de vencer seus preconceitos contra alimentos que lhes pareciam estranhos, vindos de locais que a maioria desconhecia. A batata e o tomate americanos, por exemplo, durante muito tempo foram identificados na Europa como produtos diabólicos.

Os europeus que estiveram na América, contudo, encantaram-se com a beleza natural, a fertilidade do solo, a variedade e o sabor de nossos alimentos nativos.

A batata

Também conhecida por batatinha ou batata-inglesa, a batata é de origem andina, onde ainda hoje existe sob forma silvestre. Há quase 10 mil tipos de batata. Seu nome deriva do espanhol *patata*, por sua vez proveniente de *papa*, palavra de origem quíchua (língua dos Quíchua, povo indígena andino). Existente na América há cerca de 13 mil anos, a batata era aí consumida pelos nativos muito antes da chegada dos europeus. Foi levada para a Europa no final do século XVI, mas não foi imediatamente aceita lá, por dois motivos principais: como pertencia à mesma família de plantas da alucinógena beladona (solanácea), os europeus temiam que causasse alucinações; como crescia sob a terra, eles julgavam que era alimento inferior, causador de lepra e outros males, e por isso a apelidaram de "erva do diabo".

No início, a batata era comida dos porcos e das populações pobres e famintas da Europa. Aos poucos, levada por marinheiros, mercadores e missionários, alcançou outros continentes e foi estudada por botânicos. Mas seu consumo difundiu-se na Europa apenas no século XVIII, quando os camponeses franceses resolveram adotar em sua alimentação esse tubérculo altamente produtivo, nutritivo, fácil de cultivar, preparar, transportar... e também de passar despercebido aos olhos ávidos dos coletores de impostos! No mesmo século, a czarina Catarina, a Grande, lançou uma campanha em favor da batata, para diminuir a fome na Rússia.

No século XIX, a batata já se transformara no principal alimento da Irlanda. Contudo, a partir de 1845 abateu-se sobre aquele país uma praga que destruiu seus batatais e provocou terrível período de fome, responsável pela morte de cerca de 2,5 milhões de irlandeses e pela emigração de mais 1,25 milhão, em grande parte para os Estados Unidos. Esses imigrantes irlandeses levaram a batata de volta para a América, mais especificamente para a América do Norte, ajudando a difundir seu plantio e consumo entre os norte-americanos; daí o nome com que ficou conhecida, batata-inglesa, pois

Van Gogh Museum, Amsterdã

As famílias operárias comiam batatas nas refeições, como foi retratado neste óleo sobre tela do pintor holandês Vincent van Gogh (1853-1890), intitulado *Os comedores de batata*, de 1885, 82 x 114 cm.

parte da Irlanda pertencia então à Inglaterra. Hoje a batata é um dos produtos mais consumidos no mundo, sob variadas formas, movimentando um comércio equivalente a mais de 100 bilhões de dólares anuais. Os maiores produtores mundiais são Estados Unidos e China.

Quanto à batata-doce, também de elevada produtividade e fácil de cultivar, originária de uma vasta região americana que vai do atual Peru até o atual México, já era consumida não só na região de origem como em outras áreas, inclusive no Brasil, quando os europeus chegaram à América. A batata-doce foi aceita muito mais rapidamente do que a batata-inglesa, não só na Europa como em outros continentes. Colombo levou-a para a Espanha, e os portugueses logo a cultivaram nos Açores, a partir de 1538. No final do século XVI, seu plantio já se disseminara por Portugal, Espanha, Itália e regiões da África e da Índia, de onde depois chegou à China — hoje grande consumidora e a maior produtora mundial — e a outros países asiáticos, como Japão e Filipinas.

MUITOS TIPOS DE BATATA

A respeito da variedade de batatas no Brasil, Gabriel Soares de Sousa escreveu:

Há umas batatas grandes, brancas e compridas como as das ilhas; há outras pequenas e redondas [...], mui saborosas; há outras batatas que são roxas ao longo da casca e brancas por dentro; há outras que são todas encarnadas e mui gostosas; há outras que são de cor azul-anilada muito fina, as quais tingem as mãos; há outras verdoengas muito doces e saborosas; há outras de cor, almecegadas, muito saborosas; outras todas amarelas de cor muito tostada, as quais são todas úmidas e ventosas, de que se não faz muita conta entre gente de primor, senão entre lavradores.* (SOUSA, 1989).

Palacio Nacional, Cidade do México

Os nativos do México consideravam o milho um presente dos deuses. Detalhe do mural de 1950, do artista mexicano Diego Rivera, intitulado *Civilização huastec*, no qual se veem o cultivo de milho e a preparação de *tortillas* (espécie de panqueca).

O milho

O milho, como é conhecido hoje, já foi chamado "milho da América", "milho *maíz*", "milho grosso" etc., para diferenciá-lo de outros produtos já conhecidos na Europa com o mesmo nome, como é o caso do já citado milho-miúdo, tipo de erva que, no passado, usava-se na Europa para alimentar os pobres e os animais. O milho americano já foi também erroneamente chamado de "trigo da Ásia" ou "trigo da Turquia", por haver ficado bastante conhecido no Oriente, após ser transportado para lá pelos portugueses, no século XVI.

O milho americano, também conhecido como *maíz*, oriundo da região onde hoje é o México, foi levado à Europa pelos espanhóis e dali disseminado pelo mundo todo. No Brasil, o milho já era consumido pelos Tupi-Guarani; os portugueses difundiram sua cultura na África e no Oriente. O historiador português Pero de Magalhães Gândavo, em *Tratado da terra do Brasil*, informa, por volta de 1565, que no Brasil "também há na terra muito milho-zaburro; este se dá em todas as capitanias e faz um pão muito alvo" (Gândavo, 1980). Gabriel Soares de Sousa, por sua vez, assinala:

> *Dá-se outro mantimento em todo o Brasil, natural da mesma terra, a que os índios chamam ubatim, que é o milho da Guiné, que em Portugal chamam zaburro. As espigas que esse milho dá são de mais de palmo, cuja árvore é mais alta que um homem, e de grossura das canas da roça com nós, vãs por dentro; e dá três, quatro e mais espigas dessas em cada vara. Esse milho se planta por entre a mandioca e as canas novas de açúcar; colhe-se a novidade aos três meses, uma em agosto; a outra, em janeiro. Esse milho, come o gentio assado, por fruta; e fazem seus vinhos com ele cozido, com o qual se embebedam; e os portugueses que se comunicam com o gentio e os mestiços não se desprezam dele e bebem-no valentemente.* (SOUSA, 1989).

Album/Akg-Images/Cameraphoto/Latinstock

Pé de milho, ilustrado pelo botânico austríaco Joseph Jakob Plenck (1735-1807), em *Icones plantarum medicinalium secundum systema Linnaei digestarum*, 1788-1812.

O tomate

Oriundo da região andina entre a Bolívia e o Equador, o tomate espalhou-se até a América Central e o México, de onde os espanhóis o levaram, por volta de 1523, para a Espanha; dali, para o resto da Europa e, através do oceano Pacífico, também para o Oriente. Na Europa, o tomate primeiro transformou-se em planta ornamental, enfeitando os jardins e hortas da região mediterrânea, durante os séculos XVI e XVII, passando a ser consumido como alimento somente no século XVIII.

Da mesma família da batata, do fumo, do pimentão e da beladona, o vegetal foi considerado pelos europeus como alimento indigesto, inferior e perigoso, produto do diabo; também foi julgado afrodisíaco* e, por isso, os franceses o chamaram "maçã do amor" (*pomme d'amour*). Os primeiros europeus a comer tomate, a partir de 1707, foram os italianos, que chamaram o fruto de *pomodoro*, "maçã de ouro". No início, os italianos utilizavam o tomate apenas nas saladas, como faziam com os pepinos, acompanhado de sal, pimenta e azeite. Aprenderam depois a aproveitá-lo como ingrediente básico dos famosos molhos que acompanham as massas e que hoje são uma das marcas mais conhecidas da culinária italiana. Atualmente o tomate é produto consumido no mundo inteiro como fruto, hortaliça e tempero. Na Ásia, os maiores produtores são os chineses e os turcos; na África, os egípcios; na Europa, os espanhóis e os italianos; na América, os estadunidenses, os brasileiros e os mexicanos.

Coleção particular. Foto: Christie's Images/The Bridgeman Art Library/Keystone

Proveniente da América, o tomate chegou à Europa no século XVI, mas passou a ser consumido apenas no século XVIII. Óleo sobre tela do pintor francês Paul Gauguin (1848-1903), intitulado *Natureza morta com tomates*, de 1883, 60 x 73 cm.

Amendoim e feijões

Planta brasileira considerada afrodisíaca, o amendoim encantou os primeiros europeus que chegaram à América, conquistando a Europa e o restante do mundo. Hoje, é comido assado ou cozido (doce ou salgado), ou é utilizado como matéria-prima na fabricação de óleo comestível.

Quanto ao feijão, havia várias espécies da planta no Brasil quando os europeus aqui chegaram, embora existissem muitas outras variedades em diversos países e continentes, principalmente na África. No Brasil, às épocas da colônia e do império, o feijão, acompanhado de charque, constituía a base da alimentação dos escravos, que assim criaram a feijoada: prato composto de feijão e partes do porco desprezadas pelos senhores.

AMENDOINS E FEIJÕES

Gabriel Soares de Sousa, no século XVI, registrou sobre os amendoins brasileiros:

Dos amendoins temos que dar conta particular, porque é coisa que se não sabe haver senão no Brasil [...]. Cada pé dá um grande prato desses amendoins que nascem nas pontas das raízes, os quais são tamanhos como bolotas e têm casca da mesma grossura e dureza, mas é branca e crespa e tem dentro da bainha três e quatro amendoins que são da feição dos pinhões, com casca e ainda mais grossos [...]. Comidos crus, têm sabor de ervanços, mas comem-se assados e cozidos, com casca, como as castanhas, e são muito saborosos; torrados, fora da casca, são melhores [...]. Dessa fruta fazem as mulheres portuguesas todas as castas de doces que fazem das amêndoas; cortados, os fazem cobertos de açúcar de mistura com confeitos.* (SOUSA, 1989).

E descreveu os feijões do Brasil:

Dão-se nessa terra infinidade de feijões naturais dela; uns são brancos, outros pretos, outros vermelhos, e outros pintados de branco e preto, os quais se plantam à mão, e quando nascem põem-lhe a cada um pau por onde trepam, como se faz às ervilhas; e sobem de maneira para cima que fazem deles latadas nos quintais. E cada pé dá infinidade de feijões, os quais são da mesma feição que os da Espanha, mas têm mais compridas bainhas [...]; cozem-se esses feijões, sendo secos, como em Portugal, e são muito saborosos. (SOUSA, 1989).

O cacau

O cacau, oriundo das florestas das bacias dos rios Amazonas e Orenoco, muito apreciado pelos nativos americanos, foi oferecido pela primeira vez a um europeu no México. Montezuma serviu-o a Fernão Cortez, numa taça de ouro, com farinha de milho e aromatizado com baunilha. Os espanhóis levaram o cacau para a Europa em 1520, onde foi inventada uma bebida (o chocolate) misturada com açúcar, de grande aceitação e servida com muito requinte pela nobreza do século XVII. O cacau certamente foi o primeiro produto americano a ser bem-aceito e consumido pela nobreza europeia.

Château de Versailles, França

Nobreza europeia reunida para tomar o chocolate.
Óleo sobre tela do francês Jean Baptiste Charpentier (1728-1806) chamado *A família Penthievre* ou a *Xícara de Chocolate*, de 1768, 176 x 256 cm.

7. Conclusão

A comunicação entre os povos — por meio de viagens, guerras ou dominação de uns sobre os outros, principalmente nos grandes e poderosos impérios criados ao longo da história — promoveu o intercâmbio de conhecimentos, técnicas e produtos. Nesse intercâmbio, os alimentos tiveram papel de destaque.

A partir dos séculos XV e XVI, entretanto, quando os europeus, especialmente espanhóis e portugueses, venceram o desafio de dominar os mares em busca das riquezas do mundo, a troca de produtos e conhecimentos entre os povos intensificou-se ainda mais, sobretudo porque passou a envolver vários continentes.

Galeria Johnny van Haeften, Londres

Os alimentos tornaram-se mais sofisticados e abundantes em algumas mesas, como é possível ver nesta obra do belga Kasper van den Hoecke (1595-1648), *Lázaro e a mesa do homem rico (de Lucas XVI)*, painel do século XVII, 74,5 x 106 cm.

Os colonizadores europeus trouxeram para a América os alimentos que conheciam, tanto aqueles originários da Europa como os levados da Ásia e da África, principalmente pelos árabes. E da América os colonizadores transportaram para a Europa, a Ásia e a África os produtos aqui existentes. Por sua vez, o avanço da tecnologia aumentou a produção e melhorou a produtividade e a conservação dos alimentos. Assim, eles se multiplicaram em todo o mundo, em variedade e volume, e os povos puderam saborear pratos mais variados e bonitos, com requintes gastronômicos nunca antes vistos. Devido à alimentação mais abundante, saborosa e de melhor qualidade, a população mundial cresceu, diminuindo apenas nos períodos de grandes guerras ou pestes.

OS POVOS E SEUS PRATOS TÍPICOS

Felizmente, a globalização não deu fim ao prato típico, aquele que, no país onde é tradicional, constitui o orgulho de seu povo e a delícia dos turistas:

PRATOS TÍPICOS	PAÍS DE ORIGEM
Chucrute	Alemanha
Burrito	México
Feijoada	Brasil
Goulash	Hungria
Pato laqueado	China
Sushi	Japão
Suflê	França
Xerém	Cabo Verde

Atualmente, são múltiplas e internacionalmente difundidas as técnicas de produzir alimentos em grande quantidade e com melhor qualidade, distribuí-los, conservá-los e consumi-los. Por isso, já não se pode falar de uma comida ou alimento que exista numa única região. Não se pode, por exemplo, falar de um espaguete ou *pizza* puramente italianos, já que a massa é de origem chinesa, e o tomate, de origem americana. Alimentos americanos, como a mandioca e o milho, dominam hoje a alimentação da África Equatorial; a batata-doce americana é o prato forte na Indonésia, na Melanésia e na Nova Guiné; já o arroz, de origem asiática, é o alimento cotidiano do brasileiro.

Alimentos e fome

Os meios de transporte oferecem hoje às pessoas a possibilidade de viajar para qualquer lugar do mundo numa velocidade jamais vista. O mesmo acontece com os alimentos. No passado, a fome causada por falta de alimentos foi responsável por numerosas mortes entre diversos povos, em todo o planeta. Hoje, não é mais assim que as coisas se passam.

Os agudos problemas da fome que ainda ocorrem em regiões de vários países ou nas nações mais pobres do mundo, matando milhares de pessoas, não são mais causados pela falta de alimentos ou de condições para transportá-los até os famintos. Hoje, o que falta para resolver o angustiante e persistente problema da fome — motivo de vergonha para todos os seres humanos neste início do século XXI — é, antes de tudo, a vontade dos governantes e das sociedades de fazê-lo.

VOCÊ SABIA...?

Durante a Idade Média, a manteiga era considerada "comida de pobre" e, por isso, desprezada pelos nobres e ricos.

Até a época medieval, na Europa, toda carne suína era preparada exclusivamente em casa. A partir desse período, surgiram os especialistas no preparo de pratos à base de carne de porco, que passaram a ser vendidos como pratos feitos.

Todos os povos indígenas brasileiros conheciam o fogo e cozinhavam os alimentos.

Segundo os primeiros cronistas europeus, os indígenas brasileiros do litoral quase não se alimentavam de carne de caça, preferindo peixe.

O consumo do toucinho, muito presente na comida dos escravos brasileiros, foi um hábito alimentar trazido para o Brasil pelos portugueses.

Antigo prato típico dos muçulmanos do norte da África, onde é feito com arroz, farinha de trigo ou sorgo, o cuscuz chegou ao Brasil trazidos pelos portugueses. Aqui, é preparado com tapioca ou, mais comumente, com milho.

O estudioso Luís da Câmara Cascudo apelidou a mandioca de "rainha do Brasil", pelo fato de ser nativa do país e de ser consumida, há séculos, por todas as camadas da população brasileira.

A fruta mais popular do Brasil é a banana. Há uma antiga quadrinha popular que diz: "A banana é fruta boa / Comida de gente pobre. / Toda a gente gosta dela, / Quer seja plebeu ou nobre".

A maioria dos estrangeiros, principalmente norte-americanos e europeus, considera a doçaria do Brasil excessivamente doce.

O grande artista Leonardo da Vinci, inventor do guardanapo, gostava muito de cozinhar. Antes de tornar-se famoso, manteve com o pintor Sandro Botticelli um restaurante chamado A Rã, onde ambos preparavam pratos artisticamente decorados, porém com pequenas quantidades de alimento, semelhantes aos da *nouvelle cuisine* (nova cozinha) da França atual. O restaurante faliu.

Certa vez, Da Vinci inventou para seu patrão, Ludovico Sforza, uma imensa máquina para cortar grandes quantidades de agrião. Durante a experiência, a máquina matou o jardineiro e feriu outras pessoas. Sforza adotou a invenção de Da Vinci como máquina de guerra.

A grande Enciclopédia francesa, para a qual, no século XVIII, escreveram intelectuais importantes como Voltaire e Diderot, traz uma frase curiosa: "Entre os vegetais, o melhor alimento é o pão".

Os nobres europeus costumavam ingerir grandes quantidades de alimento. *Arte de cozinha*, livro publicado em 1680, por Domingos Rodrigues, chefe da cozinha do monarca português D. Pedro II, previa, para os dias de domingo, um cardápio com: tigelas de caldo de galinha; "sopas de vaca"; perdigões assados, guarnecidos com linguiça; coelhos de João Pires; pastelões de várias carnes; pastéis fritos, "pequenos, de carneiro, com açúcar e canela"; olha castelhana (prato feito com uma mistura de várias carnes e vegetais); manjar branco; e ainda doces e frutas!

Quando uma pessoa passa por um período de grande sofrimento, dizemos que ela está "comendo o pão que o diabo amassou".

A palavra francesa *gourmet* (pronuncia-se "gurmê"), usada também no Brasil, designa o conhecedor e apreciador da boa comida.

VOCABULÁRIO

AFRODISÍACO — Que estimula o desempenho e o prazer sexual.

ALVALADE — No século XVI, região rural onde se plantavam hortas para o abastecimento de Lisboa; hoje, bairro urbano nas vizinhanças dessa cidade.

ALMECEGADA — Amarela como a almécega, resina da aroeira.

ANDINA — Referente aos Andes, grande cadeia montanhosa da América do Sul que atravessa Argentina, Chile, Peru, Bolívia e Venezuela.

CRUZADO — Participante das Cruzadas, expedições guerreiras organizadas na Europa católica, nos séculos XI a XIII, com o objetivo de combater os muçulmanos na Ásia e na África.

DESENFASTIAR — Tirar o fastio, despertar o apetite.

GLADIADOR — Indivíduo que, na Roma antiga, lutava em público contra outros homens ou contra animais.

GRADO — Grande.

INTERCÂMBIO — Troca.

LAVOR — Trabalho; no texto, os desenhos que os índios fazem nos próprios corpos.

NOVIDADE — No texto, fruto novo, colheita nova.

TALHADA — Fatia, naco, lasca.

TAMANHO — Tão grande como, do tamanho de.

QUER SABER MAIS?

Se você quer saber mais sobre os assuntos tratados neste livro:

Leia

• Os outros livros da coleção **Nas Ondas da História**, publicados pela Editora Atual e escritos pelos mesmos autores, Janaína Amado e Luiz Carlos Figueiredo. Recomendamos especialmente *A magia das especiarias: a busca de especiarias e a expansão marítima*, *Medo e vitória nos mares: perigos reais e imaginários nas navegações* e *Terra à vista: a viagem de Cabral ao Brasil e à Índia*, por meio dos quais, de forma divertida e interessante, você poderá aprofundar seus conhecimentos sobre vários assuntos tratados neste volume.

Veja

• O filme *A festa de Babette* (direção de Gabriel Axel, Dinamarca, 1987, 102 min), que, com delicadeza e arte, mostra como os alimentos podem ser importantes para as relações entre as pessoas.

BIBLIOGRAFIA

CARDIM, Fernão. *Tratados da terra e gente do Brasil*. São Paulo: Hedra, 2009.

CASCUDO, Luís da Câmara. *História da alimentação no Brasil*. Belo Horizonte: Itatiaia; São Paulo: Edusp, 1983. 2 v.

FERRÃO, José E. Mendes. *A aventura das plantas e os descobrimentos portugueses*. Lisboa: Instituto de Investigação Científica e Tecnológica, 1992.

FLANDRIN, Jean-Louis; MONTANARI, Massimo. *Histoire de l'alimentation*. Paris: Fayard, 1996.

GÂNDAVO, Pero de Magalhães. *Tratado da terra do Brasil; História da província de Santa Cruz*. Belo Horizonte: Itatiaia, 1980.

GOUROU, Pierre. *Les pays tropicaux*. Paris: Press Universitaires de France, 1974.

MOULIN, Leo. *Les liturgies de la table*. Bruxelas: Albin Michel, 1989.

RELAÇÃO do piloto anônimo (c. 1500-1520). Disponível em: <www.dominiopublico.com.br/pesquisa/DetalheObraForm.do?select_action=&co_obra=2157>. Acesso em: 15 ago. 2013.

RITCHIE, Carson I. A. *Comida e civilização*. Lisboa: Assírio e Alvim, 1995.

ROCHA, Rui. *A viagem dos sabores*. Lisboa: Edições Inapa, 1998.

RODRIGUES, Domingos. Arte de cozinha. Adaptado por Flávia Quaresma. Rio de Janeiro: Senac, 2008.

ROWLEY, Anthony. *À table!* La fête gastronomique. Paris: Gallimard, 1994. (Découvertes Gallimard).

SOUSA, Gabriel Soares de. *Notícia do Brasil*. Lisboa: Alfa, 1989.

TOUSSAINT-SAMAT, Maguelonne. *Historia natural y moral de los alimentos*. Madri: Alianza Editorial, 1987.

VASCONCELOS, Simão de. *Notícias curiosas e necessárias das cousas do Brasil*. Lisboa: CNCDP, 2001.

Atual Editora

As viagens dos alimentos

AS TROCAS ENTRE OS CONTINENTES

Nas ondas da História

JANAÍNA AMADO   LUIZ CARLOS FIGUEIREDO

Nome ______________________________

Escola ______________________ Ano ____________ Nº ____________

SUPLEMENTO DE TRABALHO

Terminada a leitura do texto, verifique se você compreendeu alguns assuntos importantes abordados no livro.

1. No início do texto, comenta-se sobre a enorme variedade de produtos alimentícios disponível nos supermercados e nas lojas.

   a) Cite alguns produtos alimentícios que lhe parecem muito atraentes e gostosos.

   ____
   ____
   ____
   ____
   ____
   ____
   ____

   b) Qual o país ou o estado de procedência desses produtos?

   ____
   ____
   ____
   ____
   ____
   ____

2. Os poderosos imperadores romanos, ou mesmo os nobres europeus da Idade Média, desfrutavam de uma mesa muito menos variada do que a de uma família de classe média brasileira da atualidade. Como se explica isso?

   ____
   ____
   ____
   ____
   ____
   ____
   ____
   ____
   ____
   ____
   ____
   ____
   ____
   ____
   ____

3. Cite três alimentos (frutas, pratos, doces etc.) cuja origem não é brasileira. Especifique sua procedência.

4. Quantos tipos de pão você conhece? Identifique pelo menos cinco deles, dizendo com que tipo de farinha eles são feitos.

5. O que é pão ázimo e qual seu sentido religioso?

6. Qual a origem da expressão "política do pão e circo"?

7. Por que era grande o consumo de sopa na Idade Média?

8. Pode-se dizer que todos os europeus da Idade Média tinham o hábito de comer carne?

9. Quais foram as razões para que ocorresse um significativo aumento na variedade de alimentos consumidos pelos europeus a partir dos séculos XV e XVI?

10. Qual a origem da batata-inglesa?

11. Complete o quadro:

	Alimento levado para a Europa	Alimento levado para a Ásia	Alimento levado para a América
Originário da América		milho, batata, tomate, amendoim	–
Originário da África	pimenta-malagueta, trigo	pimenta-malagueta, trigo	pimenta-malagueta, quiabo, trigo, inhame
Originário da Ásia		–	
Originário da Europa	–	galinha, porco	

12. Por que o crescimento das cidades colaborou para que os europeus mudassem seus hábitos alimentares?

13. Resuma o percurso da cana-de-açúcar desde sua origem até se tornar um produto de consumo mundial.

14. Como os europeus conheceram o cacau?

15. Por que os europeus resistiram a aceitar os novos alimentos trazidos dos outros continentes?

16. Os imigrantes europeus, japoneses e árabes que vieram para o Brasil durante o século XX contribuíram para ampliar ainda mais a variedade de alimentos consumidos em nosso país. Faça uma pesquisa procurando identificar, entre as comidas que fazem parte de seus hábitos alimentares, as trazidas por esses povos.

17. Observe com atenção os alimentos retratados nessa pintura europeia do século XVI e identifique quais deles fazem parte de seus hábitos alimentares.

Musée des Beaux-Arts, Valenciennes, França